홍어

문학들 시인선 019

문순태 시집

홍어

문학들

시인의 말

홍어는 나의 소울 푸드

  음식에 정과 혼이 담기는 것은 꽃이 빛깔과 향기를 품는 것과 같다. 맛의 깊이는 혀끝이 아닌 마음이 먼저 알기 때문이다. 그런 의미에서 홍어는 단순한 음식이 아니라, 문화와 정서가 깃들어 있는 정신적 가치가 되었다. 남도의 대표적 전통 음식의 하나인 홍어는 백성의 물고기이자 민초들의 고통과 눈물이 오롯이 배어 있는 정신적 가치이기도 하다. 전라도 사람들에게 홍어는 단순히 먹는 물고기가 아니다. 낮은 땅에 엎드려 한을 품고 살아왔던 전라도 사람들과, 부레가 없어 떠 있지 못하고 바닥에 배를 깔고 바짝 붙어서 사는 홍어는 서로 닮은 것인지 모른다. 특히 전라도 사람들이 삭힌 홍어를 사랑하는 이유는 발효의 고통을 오롯이 알고 있기 때문이 아닐까. 짓밟힐수록 강해지는 것처럼 썩힐수록 제 맛을 뿜어내는 홍어. 어쩌면 발효는 오랜 시간 암흑 속에서 고통과 서러움의 내적변화 과정을 통해 거듭남을 의미하는 것은 아닐까. 사람도 고통을 통해

서 숙성 되어야 더 깊고 따뜻하고 웅숭깊은 인간애를 느낄 수가 있는 것처럼.

  나는 80 평생 살아오면서, 홍어의 수줍은 듯 복사꽃 같은 분홍빛 속살이며 소름 돋게 하는 날카로운 향기에 완전히 매료되고 말았다. 나에게 홍어는 이제 단순한 기호 식품을 넘어, 힐링 푸드이자 소울 푸드가 되었다. 좋아하는 음식 하나 마음속 깊이 품고 살 수 있다는 것은 행복한 일이 아닌가. 나는 홍어를 생각하고 기다리며 살아가는 동안, 톡 쏘는 향기가 입속이 아닌, 마음으로 들어와 그리움으로 축적된 기억들을 되살릴 때마다, 간질간질한 행복감에 젖곤 한다.

2023년 봄 생오지에서
문순태

차례

4   시인의 말

제1부 홍어의 노래

13   홍어가 내게로 왔다
14   홍어, 전라도의 힘이여
16   홍어의 노래
17   5월에는 홍어를 먹지 않는다
18   내 몸에서 홍어 냄새가
19   홍어 껍질 묵
20   암치 홍어가 맛있는 이유
21   자식에게 홍어를 보내며
22   서울에 가면 홍어 생각이
23   홍어탕 맛집
24   아내가 부쳐 준 홍어전
25   홍어 삼합
26   홍어를 먹다가 울었다
27   홍어가 되다
28   홍어 얼굴 1
29   홍어 얼굴 2
30   홍어 얼굴 3
31   어머니와 홍어
32   인생의 맛 홍어찜
33   홍어 껍질

제2부 홍어는 전라도식으로 먹어야

37　　홍어의 고향
38　　영산포에 가면
39　　영산포 홍어축제
40　　날개를 씹다가
41　　홍어 사랑 가족
42　　홍어와 살풀이춤
43　　내가 홍어라고?
44　　신길동 홍어 거리
45　　늙은 친구 같은 홍어
46　　1 코
47　　2 애
48　　3 날개
49　　아파트에서 홍어탕을 끓이며
50　　홍어는 전라도식으로 먹어야
51　　홍어는 전라도에서 먹어야
52　　생살 홍어 맛
53　　말린 홍어
54　　홍어는 부레가 없다
55　　영산포 홍어를 기다리며
56　　해음어 海淫魚

제3부 냄새인가 향기인가

59	피 흘리는 홍어 사랑
60	홍어와 초장
61	홍어 선물
62	불고기 홍어삼합
63	시린 설날의 홍어
64	바람 부는 날 홍어탕
65	소와 홍어
66	거울 속의 홍어
67	하루의 행복
68	홍어 좋아하는 사람
69	홍어 같은 그대
70	결혼식 날 홍어를 먹고
71	홍어는 물렁뼈
72	화순장터 홍어 할매
73	80 생애 추억의 맛 10
74	냄새인가 향기인가 1
75	냄새인가 향기인가 2
76	냄새인가 향기인가 3
77	냄새인가 향기인가 4
78	상가에 가면 홍어가 있다

제4부 홍어는 퓨전을 거부한다

81 쑥과 홍어의 만남
82 영산포 보리싹 홍어애국
83 처음 먹어 본 홍어젓
84 홍어 튀김
85 홍어 한 점 1
86 홍어 한 점 2
87 좋아하는 음식 하나
88 눈 내리는 날에는
89 홍어를 씹으며
90 귀족이 된 홍어
91 홍어는 양념을 거부한다
92 파리에서 홍어 생각
93 핑크 피시
94 홍어는 퓨전을 거부한다
95 홍어는 계절을 타지 않는다
96 영산포 홍어 맛집
97 냄새 난다고 코 막지 마라
98 홍어박사 강건희
99 첫눈과 홍어

제5부 발효에 대하여

103   홍어집 지날 때
104   홍어와 커피의 만남
105   꽃과 홍어
106   홍어의 꿈
107   홍어와 마늘
108   홍어의 날개
109   내 인생의 다섯 가지 맛
110   홍어 사랑
111   홍어의 마지막 순간
112   홍어라면탕
113   홍어를 부르다
114   고향 홍어집
115   홍어도 자주 몸부림친다
116   발효에 대하여
117   썩는 것과 삭는 것 1
118   썩는 것과 삭는 것 2
119   땀 냄새와 홍어 향기
120   실학자 정약전과 홍어장수 문순득 1
122   실학자 정약전과 홍어장수 문순득 2
123   실학자 정약전과 홍어장수 문순득 3
124   내 안에 살아 있는 너

제1부

홍어의 노래

홍어가 내게로 왔다

꽃단풍 물들어 외로울 때
유년 시절 고향 떠난 친구가
예고도 없이 찾아왔다
얼어붙은 내 마음 두드리며
영산강 물줄기 따라, 파도치듯
홍어가 내게로 스며들어 왔다
냄새 아닌, 눈물 젖은 향기로
잠든 나를 흔들어 깨워 주었다
어릿광대 탈을 쓴 얼굴 보니
잊혀진 사람들 생각나고
그리운 노래 심장을 찌른다
소름 돋는 날카로운 향기에
왠지 취하고 싶은 오늘
슬픈 그날의 기억 그리워
오늘도 꽃밭 딛고 서서
가슴 시리도록 너를 기다린다

홍어, 전라도의 힘이여

너는 아무나 먹을 수 있는
비린내 나는 물고기가 아니다
짓밟힌 민초들의 울부짖음이고
애원성哀怨聲 판소리 가락이자
동학농민군의 죽창이거나
임을 위한 행진곡이며
눈물 머금고 핏빛으로 피어난
오월의 무등산 철쭉꽃이다
그러므로 우리는 너를
음식으로 먹는 것이 아니다
불꽃같은 맛의 기억을
오래 간직하고 싶어서다
입에 넣고 씹기도 전에
폭발하듯 톡 쏘는 저항과
숨 막히는 최루탄 냄새
홍어를 먹는다는 것은
기쁨과 슬픔을 공유하자는 것
함께 홍어를 먹는다는 것은
더불어 홍어가 되자는 것

오래 삭힐수록 더 날카롭게
되살아나는 전라도 기질
아, 온몸 떨리게 하는
전라도의 힘이여

홍어의 노래

내가 가고 있는 낯선 이 길
언제쯤 어둠의 끝이 보일까
지금 고향 바다 떠난다면
다시는 돌아올 수 없을 터
미지의 힘에 끌려, 끝도 없이
가라앉는 무력감과 함께
사라져 가는 희미한 그림자여
날개 있어도 날지 못하고
죽어서는 항아리 속에서 삭아
불꽃같은 향기로 피어올랐고
온몸 꽃잎처럼 얇게 저며졌다
이 슬픈 운명, 거부할 수 있다면
하늘 높이 날아가고 싶다
이젠 돌이킬 수 없는 시간
이승 떠난 뒤 누가 나를 위해
진혼가 불러 준다면
죽어서도 바다 꿈꿀 수 있으련만

5월에는 홍어를 먹지 않는다

철쭉꽃 피는 5월에는
홍어회를 먹지 않는다
홍어를 먹고 나면
온몸에 가시가 돋으면서
울부짖고 싶기 때문이다
그러므로 5월에는 홍어 대신
최루 가스보다 더 맵고 짠
낙지 대가리 오독오독 씹으며
차가운 눈물 삼킨다

내 몸에서 홍어 냄새가

아내는 내가 늙어 갈수록
홍어 냄새가 난다고 한다
이 풍진 세상 너무 오래 살아
어느덧 발효가 시작된 걸까
아직 준비가 덜 되었는데
떠날 시간 다가온 걸까
낙엽으로 바스라지기 전
외로운 여정 끝나고 나면
향기 품을 수 있을까
이 몸 발효되고 나면
또 다른 내일 꿈꿀 수 있을까

홍어 껍질 묵

홍어 껍질 묵을 처음 먹었다
아내가 숨겨 놓은 비밀의 맛
산수傘壽가 된 나에게
이 우아한 맛을, 왜
이제야 알려 주는 걸까
질김과 부드러움은 통한다는 것을
은밀하게 깨닫게 해 주는 것일까
껍질이 질긴 것은 속이 물렁하고
껍질이 연약한 것은 속이 견고함을
왜 나는 뒤늦게야 알아차렸을까

암치 홍어가 맛있는 이유

암치 홍어가 맛있는 이유를 안 것은
이순耳順이 한참 지나서였다
그때부터 세상을 꼼꼼히 들여다보고
음미하고 또 음미하며 살았으니까
그윽한 눈빛과 쫄깃한 손길
연민일까 그리움일까
향긋한 입김이 나를 사로잡았다
새끼를 품은 산란기 어미의 살뜰함
모성애는 세상을 맛깔스레 보듬는다
아, 사랑이다
맛은 어미의 끝없는 헌신
그것은 지상에서 가장 고귀하고
빛나는 사랑이다
그러므로 암컷 홍어를 먹는다는 것은
눈물 같은 어미의 추억을
되새김질하는 일이다

자식에게 홍어를 보내며

보고 싶다는 말 대신
자식이 좋아하는 홍어
택배로 보낸다
속살 꽃잎처럼 저미서
아이스박스에 포개 담고
다시 비닐로 두 겹 세 겹
보물인 양 첩첩이 싼 다음
보고픈 마음도 함께 살포시 접어
여백마다 꾹꾹 눌러 채운 후
스카치테이프로 봉합한다
그래도 행여 냄새 난다고
짓밟고 내동댕이쳐질세라
'팔순 부모가 보내는 보물'이라
빨간 매직 글씨 써 붙인다
택배 부치고 나서 젖은 목소리로
홍어 왔냐, 시시때때로 전화한다
먼 길 떠나기 전 목소리 한번이라도
더 듣고 싶은 속내 애써 감추며

서울에 가면 홍어 생각이

생오지* 떠나 서울에 가면
뜬금없이 홍어가 생각나곤 한다
익명의 도시에서 낯섦 때문일까
아무도 나를 쳐다보지 않는 거리
이방인에게 고향 음식은
이름 부르고 싶은 친구가 된다
냄새가 새어 나갈세라 숨죽이지만
때로는 나만의 입김 내뿜으며
큰소리 뻥뻥 치고 살아갈 때
홍어들의 세상은 눈부시다
이럴 때는 광화문광장에서
홍어가 왔다고 소리치고 싶다

* 생오지 : 시인이 살고 있는 무등산 뒷자락 생오지 마을.

홍어탕 맛집

홍어탕 맛집은
추억 속 골목 깊숙이 숨어 있다
홍어무침이나 삼합쯤이야
막걸리 한 잔이면 족하지만
탕은 맵고 짠 조미료보다는
정성과 땀과 눈물로 끓인
사랑 깊은 손맛
찐하게 느낄 수 있어야 하니까
그러므로
홍어탕 맛집 찾으려거든
인터넷 뒤적거리지 말고
오랜 시간 발품 입품 팔아야
어머니 입맞춤 같은, 속정 깊은
인생의 맛 만날 수 있으니
혀보다는 마음이 먼저
그 맛을 알기 때문이다

아내가 부쳐 준 홍어전

아내는 기분 좋은 날 홍어전을 부친다
강한 암모니아 냄새에 심신 휘청거리고
기름 튀는 소리에 혀끝이 막춤을 춘다
부추 애호박 고추 팽이버섯 튀김가루까지
봄날 대지처럼 팔 벌려 하나로 보듬었다
뜨거운 불 속에서 다른 것들과 서로 뒤엉켜
조화의 미학으로 맛의 절정을 이루었구나
나는 내일도 아내가 기분 좋기를 기도한다

홍어 삼합

가슴 후비는 어울림의 한판이자
입안에 꽉 찬, 이 야만적인 충만감
머릿속에 일곱 빛깔 무지개 떠올랐다
묵은 김치에 잘 삭은 홍어와
기름진 돼지고기 수육 포개 얹으니
절묘한 조합으로 폭발하는구나
시큼하고 기름지고 알싸한 맛에
코에서는 수천 마리 벌 떼가 날고
입안에서 요지경 속 떼춤을 춘다
다른 것들이라도 셋만 잘 어울리면
아름다운 세상 만들 수 있는 것처럼
화음이 잘 맞은 재즈 보컬 트리오 맛

홍어를 먹다가 울었다

고향 마을 숲에 들자 눈물이 났다
고목들이 와락 달려들었을 때
빗장 풀고 온몸으로 끌어안았다
도시에서는 늘 마음이 묶여 있어
한 번도 소리 내어 울어 보지 못했다
시멘트 바닥에 날카롭게 서 있는
빛깔 현란한 플라스틱 나무들은
창끝처럼 나를 겨누고 있어
상처 날까 두려워 몸 도사린 채
숨어서 칼날을 갈아야만 했다
고향에 돌아와 늙은 친구들과
홍어에 막걸리를 퍼마셨고
나는 계속 시울이 펑 젖었고
친구들은 칡넝쿨처럼
한 줄기로 길게 얼크러졌고
숲과 술에 만취한 우리들은
땅에 나란히 누웠고, 마침내
홍어가 되어 높이 날아올랐다

홍어가 되다

간밤에 홍어 꿈을 꾸었다
바다 밑에 숨어, 홍어와 함께
음밀陰密하게 노닐다가
불꽃같은 가시에 찔린 나는
고열로 앓다 홍어가 되었다
두렵거나 외롭지 않았다
내가 진정 홍어가 된다면
하늘빛에 현혹되지 않고
경계 없이 넓은 세상에서
유유자적 흐르고 흐르다가
연鳶이 되어 날아오르는 꿈
은밀隱密하게 키우고 싶다

홍어 얼굴 1

속이 타도록 기다렸기에
노년의 행복 그리는 마음으로
가까이서 너를 들여다본다
또 다른 내 얼굴의 슬픈 그림자
꿈속을 헤매 듯 공허한 눈빛과
삶이 멈춰 버린 적막한 입과
마음속에 감춘 칼날 같은 코
바다 밑에 숨어 살아온 이유가
서로 닮은 이유 때문이었을까
살아서는 나를 볼 수 없었던 너
죽어서야 꿈꾸듯 이윽히 바라보네
감미로운 폭발로
세월이 흐를수록 향기로운 친구여
오늘도 나는 너를 위해
노래 부를 수 있어 행복하다

홍어 얼굴 2

누가 너를 못생겼다고
손가락질 할 수 있겠는가
너는 평생 어둠 속에서
숨죽이고 살아왔지만
죽어서 그 이름 더욱 빛났다
핑크빛 복사꽃 같은 눈물이여
우리의 만남은 슬픔이었으나
이별은 아름다운 추억이 되었다
나는 오늘도 전율 같은 재회를 위해
술잔 높이 들어 목마른 몸짓으로
너의 이름을 불러 본다
아, 살아 있는 네 눈빛
꼭 한 번 보고 싶다

홍어 얼굴 3

너를 가까이서 볼 때마다
웃다가도 이내 눈물이 돌았다
늙고 추해진 나를 보는 것 같아
가슴 시리도록 슬퍼졌다
너를 처음 만났을 때
얼굴엔 관심조차 없었다
네가 내 몸에 들어와 폭발할 때마다
머리끝에서 발가락까지 떨려 왔고
비로소 눈여겨보기 시작했고
시간이 갈수록 애잔함이 사무쳤고
더욱 슬퍼질까 두려워
차마 다시 볼 수가 없었다

어머니와 홍어

젊은 시절 어머니 밥상은
부뚜막이거나 연둣빛 풀밭이었다
어쩌다 잔칫날 상에 오른 홍어
질긴 날갯살은 어머니 차지였다
그로부터 어머니는
날개무침을 좋아했다
오래 씹을수록 더디게 살아나는
질긴 사랑처럼 깊은 맛
어머니의 삶은 홍어와 닮았다
거친 파도가 두려워
깊은 바다 밑에 숨은 듯
납작 엎드려 온 홍어처럼
한평생 낮은 세상에서
땀에 전 몸 발효 시키며
허리 구부리고 살아온 당신은
들여다볼수록 슬픈 얼굴이다
홍어는 죽어서 더욱 향기롭고
어머니는 이승 떠난 후에야
사무치는 그리움 되었다

인생의 맛 홍어찜

늙은 어머니는 홍어찜을 좋아했다
고단했던 긴 세월 휘청거리다가
낙엽처럼 바스라져 버린 육신
홍어 날개를 씹을 수 없게 되자
아서라 세상사 부질없다면서
누워 지내는 날이 많았다
더 이상 씹을 수 없다는 것은
질긴 삶을 내려놓는 것
어머니는 입을 오물거리면서
홍어찜은 만고풍상 다 겪고 난
인생의 마지막 맛이라고 하였다
"씹을 수 있을 때 힘껏 물어뜯음서
황소처럼 씩씩하게 살어야 헌다."
어머니는 내 오목가슴에
깊은 한숨의 샘 파 놓고 떠났다

홍어 껍질

홍어 껍질을 벗긴다
속살 꽃구름으로 피어나고
손가락 끝에 묻어오는
아련한 연민 한 줌
껍질을 벗긴다는 것은
때 묻은 미움 씻어 내는 것
살아 있는 모든 것들은
저마다 껍질이 있다
소나무 껍질은 단단하고
홍어 껍질은 야들야들하다
사람 껍질은 매끌매끌해서
칼이 아닌 속죄로 벗겨 내야
깊은 속 들여다볼 수 있다

제2부

홍어는 전라도식으로 먹어야

홍어의 고향

내 고향은 전라남도
흑산도랍니다
목포도 영산포도 아니고
칠레나 아르헨티나는
더더욱 아니랍니다
한반도 서남쪽 끄트머리
물 깊고 하늘 높은 섬
외로울 때 혼자 숨고 싶고
갈매기들 사랑 찾아 날아오는
푸른 숲속 같은 바다
이 몸 죽어 돌아갈 수 없다 해도
끝끝내 부정하지 않을 겁니다
죽은 후에도 내 고향은 파도에
쓸려, 사라지지 않을 테니까요
고향을 품고 죽는다는 것은
자랑스러운 일이니까요

영산포에 가면

살아 있음으로 하여
가끔은 가슴 뛸 때가 있다
바람 온유溫柔하고
햇살 가지런한 날
홍어 먹으러 영산포에 갔다
흑산 홍어 첫 상륙지이자
그들만의 아픈 역사가 묻힌 곳
스물세 살 때 아내를 처음 만나
영산강 둑길 거닐던 추억 떠올리며
홍어탕 앞에 겸허히 앉아
지그시 눈 감고 큰 숨 들이켜 본다
삶이 무거울 때 영산포에 가면
어머니 눈물 같은 고향의 맛과
격한 추억이 나를 기다린다

영산포 홍어축제

영산포에 홍어 떼가 돌아왔다
황포돛배 잔조로운 물결 따라
홍어가 다시 찾아왔다
일제 강점기 고통으로 눈물 고인
그 길 따라, 유채꽃으로 피어났다
호남선 철길로 뱃길 끊기고
시멘트 둑에 물길 막혀
피 흘리며 몸부림치던 영산강에
다시 돌아온 그리운 홍어
축제의 깃발 펄럭이며
영산포 새 시대를 열었다

날개를 씹다가

홍어 날개를 씹다가 어금니가 삐꺽했다
그날 밤 치아가 우수수 쏟아지는 꿈을 꿨다
팔십 평생, 이 악물고 버티며 살아오느라
입속의 시간들 낙엽처럼 삭고 말았구나
그동안 이 세상 질기고 단단한 것
얼마나 맹렬하게 씹고 깨물어 왔던가
때로는 가장 가까운 사람까지도
몸부림치며 물어뜯기도 했었다
씹을 것이 없어도 행복할 때가 있었고
씹을 것이 넉넉했지만 슬플 때도 많았다
질겅질겅 잘근잘근 씹으며 사는 동안
자존감이 충만해 두려울 것이 없었다
이제 남은 시간 얼마를 더 씹을 수 있을까
잇몸으로 산다는 것은 그림자 되는 것
문득 이승 떠날 무렵에 보았던
어머니의 오래된 틀니가 생각난다
아, 날개 살이 늙은 나를 울리는구나

홍어 사랑 가족

나의 특별한 홍어 사랑은
영산포 과수원 집 외동딸
아내로부터 시작되었다
그 후 아들 며느리와
두 딸과 사위들,
다섯 손주들에게로 이어져
우리는 홍어 대가족이 되었다
가족 사랑은 질긴 동아줄 같은 것
끊어진 것을 잇고 또 이어
다시 끊어지지 않도록
단단히 여미고 묶어서
풀리지 않게 매듭을 만드는 것
눈 내리는 날 생오지 앞마당에서
장작불 피우고 둘러앉아
홍어 먹는 우리 가족
꿈에서나 다시 이어질까

홍어와 살풀이춤

눈물이 아닌 몸짓만으로도
한 맺힌 서러움, 오롯이
보여 줄 수가 있다
이매방류 살풀이춤을 보면서
홍어의 인내忍耐를 생각했다
질기고 긴 맺힘의 고통과
짧지만 여유로운 풀림의 자유
그 처절한 아름다움이여
보일 듯 말 듯 미동하는 버선코며
손끝에서 나붓대는 흰 수건 자락이
말해 주는, 깊은 은유를 알 것 같다
비단바람 건듯 불어오자
산조 가락으로 흐르는 잔조로운 물결
홍어의 삶은 질주와 솟구침이 아닌
느림과 가라앉음에 있다는 것을
살풀이춤을 보며 다시 깨달았다
그것은 우리가 꿈꾸는 세상이기도 하다

내가 홍어라고?

누군가 숨어서 나를 째려보며
냄새나는 홍어라고 손가락질한다
그래, 나는 속살 빨간 홍어다
그렇지만 부끄럽지도
주눅 들지도 않는다
자랑스럽게 홍어를 사랑하니까
사랑하면 세상이 환해지니까
내가 홍어라면 너는 악어다
천만 번 죽었다 깨어나도
너는 나와 같아질 수 없고
죽으면 썩어서 소멸로 끝나지만
나는 짓밟힐수록 삭고 또 삭아
이 땅에서 영원히 살 거니까

신길동 홍어 거리

서울의 낯선 정글에 날아와
살며시 떨어진 민들레 홀씨들
고향 소식에 목이 말라
신길동 홍어 거리에 모였다
고향 같은 사람들이 마주 앉아
고향의 말 주고받음서
고향 같은 쫄깃한 맛을 즐긴다
분절된 삶의 파편들이 모여
여기 고향 같은 거리를 이루었다
홍어가 있어 더 가고픈 고향
홍어 한 점의 추억과
홍어 한 점의 사랑과
홍어 한 점의 눈물과
낡아서 더욱 그리운 식탁
그래서 신길동 홍어 거리는
고향 이야기가 피고 지는
서러운 민들레 꽃밭이다

늙은 친구 같은 홍어

오랜만에 만난 늙은 친구들이
홍어를 먹다가 떼창을 했다
취하지도 않았는데
가슴이 먹먹하게 젖어 왔다
아, 고향 같은 친구들
친구 같은 홍어들
너를 마주할 때마다
망각의 하늘 저편에서
그리운 목소리 들려온다
우리 언제 또 만나서
옛 노래 다시 부를 수 있을까

1 코

머리에 벼락 떨어지고
입천장이 내려앉았다
코를 씹어 보지도 않고
홍어 먹었다고 말할 수 없다
오십 마리쯤 먹어 본 다음에야
혀끝에 불침 맞은 것처럼
강한 암모니아 냄새를
향기로 받아들일 수가 있다
죽는 순간부터 가장 먼저 삭고
투명한 속살 차츰 붉어지는
무지갯빛 거친 파도여
흐물흐물 코 같지도 않은 것이
씹을수록 오도독 오도독 소리가 나니
아, 전율 흐르는 홍어 맛 1등급

2 애

애타는 마음으로
기다리고 기다리다
오늘도 애간장肝臟 다 녹네
홍어 애는 복사꽃 송이라네
그 빛깔 그대로
깨소금에 찍어 먹으면
잊혀진 기억처럼 녹고
아무리 맵짠 사람이라도
뒷맛이 고소롬해진다네
이른 봄 보리 새싹
홍어애탕에 맛들이면
몸과 마음이 파도에 쓸리듯
보드라운 세상 속으로
사르르 빨려 든다네

3 날개

홍어 날개 한 점
진달래 꽃잎인 듯
살포시 입에 물고
깨알 같은 행복 음미하며
씹고 또 씹는다
오래 씹을수록
맛의 계단 하나씩 밟아
끝까지 톺아 올라갈 수 있다
혀끝 얼얼한 맛에서부터
달콤 시큼 짭짤 쫄깃한 맛
느끼고, 마지막 목 넘길 때
답답한 마음 주름살 펴진다
날개 붙잡고 바다 헤엄치는
하늘빛 꿈꿀 때까지
옛사랑 기다리는 마음으로
천천히 씹어 볼 일이다

아파트에서 홍어탕을 끓이며

내 인생에 기적 같은 향기
행여 날아갈세라 창문 꼭 닫고
환풍기 돌리며 홍어탕을 끓인다
보글보글 냄새가 차오르자
초인종 울릴세라 심장 출렁댄다
홍어탕은 불꽃같은 맛이었다
배고팠던 시절 방문 걸고
이웃 몰래 먹었던 고깃국
은밀한 그 맛 오목가슴에
그리움으로 맺힌다
결코 음식 냄새는 불안이거나
상처가 될 수 없는 것
불꽃이 향기 되어 후벼 댄다

홍어는 전라도식으로 먹어야

홍어는 전라도식으로 먹어야
제 맛 온몸으로 느낄 수 있다
고급 호텔 레스토랑에서
심장에 두꺼운 철판 깔고
잘난 척 턱 끝 세우고 앉아
양손에 포크와 나이프 쥐고
속닥속닥 숨 죽여 가면서
와인 잔 들고 홀짝이는 것은
홍어를 X으로 보는 짓거리다

홍어는 전라도식으로 먹어야
숨은 맛 음미할 수가 있다
유리창 문 덜컹거리는
오래된 식당 구들장 바닥에
퍼지르고 뽀짝 붙어 앙거서
큰 소리로 욕하며 노래하고
막걸리로 목 축여 가면서
젓가락 장단 맞추며 먹어야
홍어의 존엄을 지키는 일이다

홍어는 전라도에서 먹어야

서울에서 홍어를 먹을 때
왜 자꾸만 주눅이 드는가
어금니에 힘 팍 주고
잘근잘근 오래 씹어도
왜 혀끝이 짜릿하지 않는 건가
이 넓은 자유 천지
무엇이 두려워서
냄새조차 감추려고 하는가
그래서 홍어는
내 고향 전라도에서 먹어야
맛의 반란을 체험할 수가 있다
네 활개 활짝 펴고 살아가는
정의로운 세상 전라도에서
나쁜 놈들 이름 불러 가며
빗장 풀고 욕질하면서 먹어야
참맛 제대로 느낄 수 있다

생살 홍어 맛

흑산 바다에서 갓 올린 홍어
살굿빛 생살 한 점 입에 넣자
온몸으로 날개 파닥거렸다
황홀해라, 상큼 짜릿한 첫 경험
인절미처럼 난질난질하구나
발효되지 않은 홍어 생살은
찌르는 듯 송곳 같은 향기 없어도
날것 그대로의 싱그러움이 좋다
부드러우면서도 쫄깃한 이 행복
오래 씹을수록 사랑이 깊어진다

말린 홍어

꿈속에서 홍어가 된 나는
걸낙에 걸려 뭍으로 올라왔다
햇살 가지런한 겨우내내
건조대에서 깃발로 나부끼며
낙엽처럼 가벼워졌다
봄이 오자 육신은 다시
갈기갈기 찢겨졌다

꿈에서 깨어난 나는 아침에
말린 홍어무침을 먹었다
입에 달라붙은 쫀득함
그 맛이 그리운 나는
다시 홍어가 되는 꿈을 꾸었고
겨울이면 하늘 높이 매달렸고
메마른 넋은 증발되어
기억 속으로 파고들었다

홍어는 부레가 없다

삶의 밑바닥은 경계가 없어서
끝없이 가라앉을 수 있다
꿈을 잃어버린 상실감과
무력증 때문만은 아니다
홍어는 공기주머니가 없어서
솟구쳐 오래 떠 있지 못하고
바다 밑에 엎드려 산다
우아한 날개와 꼬리만으로는
트위스트도 출 수도 없다
부레는 애드벌룬 같은 것
나 역시 공기주머니가 없어서
소리 없이 날마다 추락하고 있다
바닥으로 내려가는 길이 보인다

영산포 홍어를 기다리며

오늘도 기침을 참는다
기침 소리에 세상이 삐걱거린다
마음과 마음이 차갑게 얼어붙어
봄날의 일탈을 꿈꿀 수도 없다
카페에 앉아 음악 들으며
안티구아 커피도 마시고 싶고
선암사 홍매 구경도 가고 싶고
보리 새싹 홍어애국도 먹고 싶다
마스크에 덧씌워진 나날들
잿빛 우울한 아침과
고립 속에 가라앉은 저녁
걸어 잠근 마음 열고
끈적한 가래 삭히기 위해
영산포에 홍어를 주문했다
홍어가 오기를 기다리는 동안
타는 듯 메마른 입안에
박하 향 침이 가득 고이자
어느덧 내 마음 나비 되어
가볍게 떠올랐다

해음어 海淫魚*

부러워라
죽음보다 더 무서운 사랑
생의 마지막 순간까지도
온몸 떨리는 뜨거운 희열
끝내 뿌리치지 못하네
휘감은 긴 팔 풀지 않고
마지막 가는 길 따라가는
숙명 같은 해음어 사랑
한 몸에 생식기 두 개 달고도
평생 오직 한 짝만을 품어 온
오, 순결한 영혼이여

* 해음어 : 홍어의 다른 이름. 수컷 홍어는 생식기가 2개이나 한 마리의 암컷만 사랑하며, 짝짓기 중에 암컷이 낚시에 걸리면 수컷도 따라 올라가 같이 죽는다.

제3부

냄새인가 향기인가

피 흘리는 홍어 사랑

홍어는 피 흘리며
불꽃같은 사랑을 나눈다
수컷의 날카로운 가시로
생살 찢는 고통조차도
뜨거운 사랑으로 꽃피운다
마지막 죽는 순간까지
깍지 낀 몸 풀지 않는
그 처절한 접착接着과
견고한 날개의 힘으로
거친 파도 잠재우고
사랑에 목이 메어
피 흘리며 바다를 떠난다

홍어와 초장

때로는 단조로운 일상이
더 치열한 삶이 될 수 있다
오색 찬란한 꽃밭보다
하얗게 눈 덮인 대지가
더욱 눈부시게 다가오듯
생살 홍어에 초장만으로도
그 맛 열 배 더 순수하고
강렬해질 수 있다

홍어 선물

제자들이 보낸 홍어 택배 받던 날
다섯 번째 코로나 백신 주사 맞았다
두통과 현기증에 시달렸지만
첫눈 같은 홍어 사랑에
휘파람 휘휘 불었다
홍어 먹을 때마다 얼굴 떠올리고
폭탄 같은 향기로 희롱하는 사이
홍어가 코로나를 삼켰다
아, 홍어가 맛이 있어
내 인생도 쫄깃쫄깃 깊어 간다

불고기 홍어삼합

뜨거울수록 부드러워지고
부드러울수록 더욱 강렬해지는
눈부시게 화사한 여인이여
불판 위에서 셋이 만나
저마다의 냄새로 존재를 뽐내니
깨물지 않아도 화끈한 인생의 맛
얼마나 경이로운 조화인가
처음 경험한 불꽃놀이
불길이 치솟자 폭죽이 터졌고
뜨거운 불티가 입안 가득했고
마침내 홍어는 무섭게 폭발했다

시린 설날의 홍어

설날 아침, 아내와 나란히 앉아
눈 덮인 앞산바라기 하다가
눈 시리자 마음까지 시려와
안티구아 커피를 내려 마셨다
홍어 한 점 집어 입에 넣고
뜨거운 커피를 섞었더니
혀끝이 떨리도록 더 시려 왔다
커피와 홍어를 같이 먹어 봐도
가슴은 미어지도록 시렸다
자식들 이름 불러도 시리고
흘러간 노래 불러도 시렸다
둘이 있어도 이렇듯 시린데
하나만 남으면 얼마나 더
시리고 또 시릴까

바람 부는 날 홍어탕

매서운 바람 울부짖던 밤
마른기침으로 잠을 설쳤다
찬바람 뼛속으로 파고들고
그르렁 그르렁 눈이 내렸다
새벽잠에서 일어난 아내가
가래 삭히는 약이라면서
홍어탕을 끓여 주었다
홍어가 온몸을 다독이면서
바람을 잠재워 주었다
그날 밤 홍어가 헤엄치듯
나는 깜깜한 심연으로
납작하게 가라앉았다

소와 홍어

소는 강둑에서 풀을 뜯고
나는 느티나무 그늘 밑에 앉아
홍어 안주에 동동주를 마신다
언뜻 서로 눈빛 마주치는 순간
처음 느껴 본 팽팽해진 숨결
그날 밤 꿈속에서 나는
소가 되어 풀을 뜯었고
소는 내가 되어 홍어를 먹었다
우리는 서로 무엇을 꿈꾸었을까
언젠가는 나도 도마에 오를,
홍어가 될 수 있음을 왜 몰랐을까

거울 속의 홍어

하루의 마지막을 돌아보며
일기를 쓰는 대신 거울을 본다
거울 속 홍어가 내게 묻는다
너는 오늘 무엇을 남겼으며
무엇을 더 내려놓았는가
한 줌도 안 되는 자존 때문에
눈 내리깔고 잘난 척 으스대고
앞집 홍매가 탐나서 얼굴 붉힌
어제와 같은 오늘 아니었더냐
나는 너무 부끄러워
홍어 속살 같은 노을 꽃 속으로
도망치고만 싶었다

하루의 행복

아침에 과테말라 커피 내려 마시니
온몸의 세포들 파릇파릇 일어서고
점심 때 판메밀로 입맛 돋우니
다시 새 길 찾아 먼 길 떠나고 싶고
저녁엔 홍어와 막걸리 한 잔에 취하니
내 마음 비구름 되어 흠뻑 적시네
커피 한 잔과 판메밀 한 판과
홍어 안주에 탁주 한 사발로
넘치고 또 넘치는 이 행복
이만하면 살 만한 하루가 아닌가
꿈은 마음속에 잠들어
이내 흔들어 깨울 수 있고
행복은 눈앞에 서성거려
언제든 끌어안을 수 있다는 것을
오늘 다시 깨닫게 되는구나

홍어 좋아하는 사람

홍어 좋아하는 사람들은 공통점이 있다
자극적이거나 육탈된 삶의 냄새를 더 즐기고
한 잔 와인보다 두 사발 막걸리를 좋아하고
배타적이지 않아 쉽게 어울릴 수 있는 사람
함께 걸을 때 보폭이 짧아서 손잡기 편하고
세상 어떤 비난에도 가벼이 흔들리지 않는다
그러므로 사랑하기에 까다롭지 않아서 좋다

홍어 같은 그대

백양사 고불매古佛梅처럼
단아하고 희끔희끔 곱게 늙고
흑산 홍어처럼 촉촉하게 곰삭은
그대를 선물처럼 만났네
비록 숨결 뜨겁지는 않아도
그대 옆에 뽀짝 다가앉으면
내 몸에 살며시 매화꽃 피고
웅숭깊은 사랑 더욱 해맑게
다시 깊어질 수 있겠네

결혼식 날 홍어를 먹고

중학 졸업식 날 매운 짬뽕 처음 먹고
콩밭 매는 어머니 생각에 눈물이 났다
고등학교 졸업식 날 탕수육 먹고
충장로 복판에서 만세 불렀다
대학에 들어가 민어회 먹던 날
신나서 트위스트를 추었고
대학 졸업식 날 산 낙지 먹고
휘청거리며 '봄날은 간다'를 불렀다
결혼식 날 삭힌 홍어 먹고는
온몸에 빨갛게 불이 켜졌고
인생의 단맛을 처음 알았다
추억 속 음식은
내 하늘의 별이 되었다

홍어는 물렁뼈

꽃술보다 연약한 자리멸도
뼈대를 빳빳하게 세워
거친 파도에 휩쓸리면서
도도하게 멸치의 길을 가는데
물결 따라 왈츠만 추는 홍어는
야들야들한 물렁뼈로
이 험한 세상 어찌 헤쳐 왔을까
참, 그렇지
단단한 칼슘 덩어리만이
마음을 곧추세우는 건 아니지
꽃은 외발로 선 채로 피고
천성이 물렁뼈인 나 또한
가파른 세상 흐물흐물 살아왔지

화순장터 홍어 할매

홍어와 함께 늙어 온
화순장터 김복순 할머니
백발의 하얀 민들레 꽃 한 송이
그 삶 정갈하고 향기로워라
때로는 눈물 같은 외길
돌아서고 싶은 때도 많았다
다시 붙잡아 일으켜 세운 것은
수천 마리 홍어 떼였다
어느새 씨앗들 바람에 실려와
무등산 턱밑 화순장터에
찬란한 꽃밭을 일구었구나
희한해라 깊고도 익숙한 맛
홍어가 조기를 품었구나

80 생애 추억의 맛 10

유년 시절, 앉은뱅이 도리밥상에
온 가족 둘러앉아 먹었던 햅쌀밥
보릿고개 시절 할머니가 해 주신
쌉싸래하고 쫄깃한 송기떡
어머니가 엿기름 길러 만든
달보드레한 보름달 보리개떡
신혼 때 장모님이 해 주신
쫀득하고 달달한 수수부꾸미
생오지에 살며 아내가 부쳐 준
코끝 찡하고 알싸한 홍어전과
칼칼하고 시원한 오모가리
입맛 없을 때 큰딸이 해 준
고슬고슬한 새우 볶음밥
아들 내외가 제주 해녀집서 사 준
고소롬하고 감칠맛 난 갱이죽
고기리에서 막내딸네와 먹은
담박하고 향긋한 들깨메밀국수
일본에서 손자와 함께 먹은
쌈박하고 촉촉한 장어덮밥
맛의 추억은 세월이 흐를수록
사랑과 그리움으로 쌓인다

냄새인가 향기인가 1

국화 옆에 앉아 있다가
꽃향기에 취해 까무룩 졸았다
바람 따라 강 따라 흐르다가
홍어 생각에 고개를 들었다
콧속을 후비는 익숙한 기억
이건 냄새인가 향기인가
냄새에 추억이 쌓이면
향기가 된다는데
아, 그리움 때문이다
고향 집 앞마당 두엄 냄새와
잔칫집 홍어는 향기롭다
유년 시절의 추억 때문이다
신김치, 메주, 누룩에서도
해묵은 향기가 숨을 쉰다
아직 내게서는 악취가 풍기니
얼마나 더 오욕을 덜어 내야
내 마음 향기로울 수 있을까

냄새인가 향기인가 2

푸른 산골에서 자란 유년 시절
내 몸에서는 흙냄새가 났다
소년 시절엔 풀 냄새
청년 시절엔 시큼한 막걸리 냄새
장년 시절엔 땀에 전 쉰 냄새
노년에는 쿰쿰한 곰팡이 냄새가 났다
내 생애 단 한 번이라도
향기로웠던 적이 있었던가
꽃향기 그리울 때는 산비탈에
홀로 숨어 찔레꽃을 따 먹었다
향기는 마지막 내 꿈이었으니
죽은 후에라도 내 마음 썩지 않고
곰삭은 홍어처럼
향기로웠으면 좋겠다

냄새인가 향기인가 3

어린 시절 홍어 처음 먹었을 때
방귀 냄새에 문 박차고 뛰쳐나갔고
소년 시절엔 시궁창 냄새에
손바닥으로 코를 쥐어 막았고
장가가던 첫날밤엔
잘 익은 수밀도 냄새에
왈칵 눈물이 벅차올랐다
막걸리 안주로 먹을 때 찔레꽃 향기
소주와 먹을 때 톡 쏘는 장미향
맥주와 먹을 때 달달한 밤꽃 향기
늙은 친구들과 먹을 때
은근한 살 냄새로 변했다
냄새가 향기 되기까지 20년,
향기가 사람 냄새 되기까지
50년이나 걸렸다
산수傘壽를 넘긴 지금은
오래 살아 달빛에 하얗게 바랜
그리운 사람의 마음 향기

냄새인가 향기인가 4

향기는 침몰된 기억을 건져 올린다
홍어탕 먹을 때 어머니가 생각나듯
문득 되살아나는 그리움의 흔적들
추억의 향기가 가을 햇살 속
눈부신 꽃길이라면
냄새는 짙은 안개 속
흑백영화 같은 무채색 그늘이다
때와 장소에 따라 냄새와 향기는
늙은 어머니 주름진 얼굴이고
주막집 젓가락 장단 소리가 되듯
눈으로 볼 수 있고
귀로 들을 수도 있다
그러므로 향기와 냄새는
삶과 죽음의 그림자 같은 것

상가에 가면 홍어가 있다

친구 어머니 문상 가는 길
애도하는 마음에 앞서
홍어 생각에 군침이 돌았다
친구 어머니가 끓여 주었던
달달한 보리 싹 홍어애국
그 깊고 향긋한 맛
아직도 잊을 수 없다
맛의 기억은 눈물이 되었다

제4부

홍어는 퓨전을 거부한다

쑥과 홍어의 만남

봄바람 살랑살랑
내 마음 간질이자
햇살 헤집으며 쑥을 캔다
상큼 쌉싸래한 봄 내음이
무기력해진 나를 충동질하고
쑥향과 홍어의 만남으로
잠들었던 내 숨결 파르르 떤다
이른 봄 홍어쑥국은 이제
늙은이의 간절한 소망이 되었다

영산포 보리싹 홍어애국

벚꽃 불불 날리자 봄맞이 연례행사 치르려고
아내와 영산포로 보리싹 홍어애국 먹으러 갔다
된장 맛이 홍어 향기 삼켜 버린 아쉬움 너무 커
흑산 홍어 한 접시에 튀김까지 먹고 나서야
내 마음 발효되어 꽃잎처럼 가벼워졌다

돌아오는 길, 석재공장에서 납골탑을 구경했다
가루가 되어서까지 생오지에 더 머물고 싶어 하는
속된 내 욕심 너무도 구차스러워 고개 흔들었다
이 땅에서 이만큼 누리고도 무얼 더 바라겠는가
내년에도 홍어애국 먹으러 영산포에 올 수 있을까

처음 먹어 본 홍어젓

홍어젓 처음 먹었을 때
입안 가득 햇살이 일어섰다
빛깔과 향기의 황홀함이며
매콤 달콤 새콤 짭조름 쫄깃함에
처음 느껴 보는 미지의 행복감
낯선 음식 처음 먹어 보는 것은
꿈꾸어 온 버킷리스트 하나
예기치 않게 이루어지는 것
낯설지만 짜릿한 설렘의 그 맛
혀끝에서 자꾸만 꿈틀거린다

홍어 튀김

홍어 튀김 깨물자
입안이 펑 하고 폭발하면서
힘겹게 견뎌 온 삶의 고뇌
한순간 화르르 날아갔다

꽃이 피는 것은
색깔과 향기와 햇빛이
서로 만나 폭발하여
찬란한 불꽃으로 타오르는 것

꽃이 피는 것과
홍어가 불을 만난 것은
뜨거운 사랑으로
화려한 반란을 일으키는 것

홍어 한 점 1

벌거숭이 어린 시절
울음 뚝 그치게 했던
박하 향 막대사탕처럼
외로움 멈추게 할
그런 거 뭐 없을까

어깨 무거운 어른 되어
슬프거나 외로울 때
위로가 되어 준 것은
잘 삭은 홍어 한 점과
막걸리 한 사발이었다

추적추적 비 내리는 날
빛깔 고운 홍어 한 점으로
내 마음 빗장 풀리고
봄바람 되어 춤을 추니
눈물 나도록 행복하구나

홍어 한 점 2

홍어 한 점 입에 물면
눈 감아도 고향이 보인다
맨발의 유년 시절 내 모습이며
큰고모 연지 찍고 시집가던 날과
봄날 같은 할머니 꽃상여도 보인다
홍어 한 점 잘근잘근 씹다 보면
구렁논에서 울어 댄 뜸부기 소리와
당산나무에서 육자배기 가락 들리고
내 마음 어느새 동구 밖에 서 있다

좋아하는 음식 하나

이 세상에는 몸살나게 먹고 싶은 것도 많고
가슴 찢어지게 사랑하고 싶은 것도 있다
나는 아직 제비집 스프도 못 먹어 봤고
목숨을 바쳐서 사랑해 본 적도 없다
허나, 좋아하는 홍어 먹을 수 있고
낯선 길 함께 떠날 사람 있다
이 험한 세상에 태어나서
좋아한 음식 한 가지와
손잡고 발맞춰 걷고
마주 앉을 수 있는
한 사람 있으니
뭘 더 바라랴

눈 내리는 날에는

눈 내리는 날에는
잠든 영혼 흔들어 깨워 줄
그대 향기 간절하게 그립다
창밖에 춤추는 눈꽃 바라보며
진한 그리움에 젖고 싶은 오늘
혼자라도 좋아라
그대와 마주 보고 앉아
빛바랜 기억들 오래오래
음미하고 싶다
이 눈 멈추기 전에
그대와 함께 만취하고 싶다

홍어를 씹으며

유년 시절 나에겐 달달한 꿈 하나 있었지
이 빠지게 오징어 잘근잘근 씹고 싶었지
그 시절에는 씹어 먹을 만한 게 없었지
모든 게 물렁해 씹지 않아도 잘 넘어갔지
어른이 되자 세상에는 씹을 것 천지였지
험한 욕 질러 대며 씹어도 자꾸 목에 걸렸지
첫눈 내리는 날에 꽃 같은 홍어를 만났지
코와 목구멍으로 그리움 떠올리며 씹어 댔지
홍어를 씹으며 행복하게 늙어 갈 수 있었지
씹을수록 세월 앞에서 초연해질 수 있었지

귀족이 된 홍어

누가 너를 아직도
눈물 젖어 살아가는 이웃들의
다정한 친구라고 하겠는가
한때는 머슴들의 잔칫상
상석을 차지했고
댓돌 앞에 멍석 깔고
젓가락 장단에 춤추게 했던 너
어느덧 잘난 귀족이 되었구나
한 마리 값이 쌀 한 가마라니
돈이 너의 명성을 빛냈지만
옛 친구들 다 잃었구나
너에 대한 그리움도 추억도
이제는 녹슨 기억 속에서
그림자로 서성일 뿐이다

홍어는 양념을 거부한다

읍내 오거리, 홍어집 간판 보고
무작정 들어가 홍어무침을 시켰다
한 젓가락 집어 입에 넣자
식초 고춧가루 미나리 양파
마늘 냄새가 거품처럼 차올랐다
쫀득한 맛과 날카로운 향기는
다 어디에 숨었는가
홍어 살 찾아 뒤적이다가
한숨 섞어 술잔만 기울였다
집으로 돌아가는 시골버스에서
화장하지 않은 아주머니 옆에 앉았다
아낙의 몸에서 양념 아닌 살 냄새가
일상에 지친 내 영혼을 휘감았다
아, 딱 한 번만 안아 보고 싶은
내 어머니 같은 여인이여

파리에서 홍어 생각

상젤리제 거리에서
치즈 페어링 안주로
비싼 부르고뉴 와인을 마시다
뜬금없이 홍탁 생각이 났다
간절함이 뼛속까지 파고들어
술잔 놓고 눈을 감았다
홍어와 막걸리에 대한
해묵은 그리움이
목구멍 가득 차올랐다
향수병 때문에 나는
여행 내내 비틀거렸다

핑크 피시

꽃 이름처럼 참 곱기도 해라
깊은 바다 밑바닥에
분홍빛 연꽃으로 피어난
핑크 피시
젊고 키 큰 셰프가 요리를 했다
양파 브로콜리 치즈 레몬으로
둥글고 흰 파스타 접시에
화려한 꽃밭을 수놓았구나
그것은 차마 먹을 수 없는
오색찬란한 꿈 같은 정원
그러므로 홍어는
서양 요리를 거부한다
홍어 요리의 완성은
오롯이 발효에 있기에

홍어는 퓨전을 거부한다

백양나무처럼 미끈한 셰프가
핑크 피시 버터구이 요리를 한다
티브이 화면에 거친 바다 넘실대고
느끼한 버터 향이 구름처럼 흐른다
아스라이 먼 바다 끝에서
"홍어는 퓨전을 거부한다"고
아우성치는 것 같다
문득, 할머니가 만들어 주셨던
못생긴 인절미가 생각났다
빛깔도 모양도 옛날 그대로인
전통의 맛은 항아리 속에 감춰진
빛바랜 추억 같은 것
아, 할머니의 주름진 손맛이 그립다

홍어는 계절을 타지 않는다

봄에는 철쭉, 겨울에는 동백이 피고
여름엔 민어, 가을엔 전어를 먹는다
되풀이되는 일상의 흐름에는
시간의 명암과 매듭이 있는 법
그러나 홍어를 사랑하는 나는
시속時俗의 때를 가리지 않는다
봄에 자미화가 피어도 곱고
여름에 뜨거운 탕을 끓여도 좋다
그러므로 홍어는
꽃 피는 봄이나 눈 내리는 밤이나
혀끝에서 같은 빛깔과 향기로
시간을 넘어 꽃망울 터뜨린다

영산포 홍어 맛집

꼭 한 번 와 보고 싶었다
가 보자 가 보자, 마음 졸이면서도
차마 발걸음 내딛지 못한 것은
갈 길 너무 멀어서가 아니고
동반자가 없어서도 아니다
살아가면서 마지막 소망 하나
오래 묻어 두고 싶어서였다

아, 정겨운 외갓집 같은 냄새
대한민국 홍어 1번지답구나
홍어 한 점 소금 찍어 입에 넣으니
놀라워라, 현란한 입속의 반란이여
목구멍에 단풍 들어 활활 타오르네
그래, 늦게라도 참 잘 왔구나
마지막 홀로 찾은 홍어 천국

냄새 난다고 코 막지 마라

꽃이 작고 보잘 것 없다고
참깨 밭에 오줌 갈기는 사람
홍어 냄새 지독하다고
코 막고 침 뱉는 사람
그것은 세상을 사랑하는
온도 차이만은 아닐 것이다
작고 향기 없는 꽃은
고소한 참기름이 되고
홍어는 삭아서 행복을 주는,
오묘한 참맛의 이치를
깨닫지 못한 무지 때문이다
작거나 냄새나는 데에는
저마다 그 까닭이 있으니
함부로 시피보거나
얼굴 찌푸릴 일이 아니다
냄새 없는 음식은 맛도 없으며
홍어 된장 청국장 김치 젓갈은
누구에게나 행복을 주는
쌓이고 쌓인 세월의 숨결 아닌가

홍어박사 강건희

사람이 발효를 한다면
무엇이 될 수 있을까
썩지 않고 숙성 된다는 건
꽃이 피고 지는 자리에
새 생명으로 다시 움트는 것
평생 홍어를 삭혀 온 동안
사람답게 곰삭은 그대
강건희 홍어박사
몸과 마음은 오래전에
홍어 꿈에 푹 절여 있어
심장에서도 홍어 향기가 난다네
영산강 물결 바라보며 살아온
그대, 한 떨기 꽃으로 피었네

첫눈과 홍어

첫눈 내리자 그대가 보고 싶어
무연히 새벽차를 타고 말았네
내 부질없는 사랑법은
아픈 회한悔恨 때문이라네
강변 주막에서 기다렸지만
끝내 그대는 오지 않고
예보도 없이 눈만 훌훌 내렸네
첫눈 내리는 날이면 나는
어김없이 홍어를 먹는다네
홍어 냄새를 좇아 눈 속을 걸어
터미널까지 떠밀려 오고 말았네
고향 가는 버스에서 졸다가
문득 그대 꿈을 꾸었네

제5부

발효에 대하여

홍어집 지날 때

그 집 앞 지날 때 발걸음 무거워진 것은
주름진 삶의 무게에 짓눌려서가 아니라
행여 옛 친구들 노래 흘러나올까 싶어서다
그 집 가까워 올수록 더욱 목이 타는 이유는
초라하고 외로운 내 그림자 때문이 아니라
홍탁에 취한 듯 휘청거리며 살고 싶어서다

홍어와 커피의 만남

어느 쪽에서 먼저
손짓을 했을까
커피를 마시고 나면
홍어가 생각나고
홍어를 먹고 나면
커피가 간절해지는
은밀하고도 달콤한 유혹
내가 사랑하는 커피와 홍어는
몸 안에 심연으로 가라앉아
하나 되어 머무는 동안
무력한 일상을 깨우고
날마다 주저앉은 나를 꼬드겨
함께 가자고 성화다

꽃과 홍어

햇살 가지런한 늦가을 한낮
칠레산 홍어무침을 먹으며
마당에 홀로 핀 민들레꽃을 본다
꽃은 어디에 피어도 곱구나
두엄자리에 핀 칠레산 백합
개똥밭에 핀 브라질산 사루비아
빛깔 고운 향기 멀리도 왔구나
오늘따라 칠레산 홍어 맛이
흑산 홍어와 비슷한 것은
저 꽃들 때문이 아닐까
꽃은 척박한 땅에 피어도 곱고
홍어는 경계 없는 바다가 있어
그 맛 어디서나 깊고 깊다

홍어의 꿈

아직도 연이 되고픈 꿈 꾸고 있니
눈부신 햇살 가르고 높이 날으며
쪽빛 고향 눈에 가득 담고 싶은 거니
부레도 없는 몸, 물렁뼈에 기댄 채
온몸으로 허상의 날개 파닥거렸겠지
바닥에 가라앉지 않으려 발버둥 치며
그렇게 한평생 파도치듯 살아왔겠지
죽어서는 하늘이 아닌 식탁에 올라
먹기 좋게 저며진 너를 다시 보니
부질없이 치열했던 삶이 참 슬프구나

홍어와 마늘

한때 내게선 마늘 냄새가 난다고 했다
그 시절 이글거리는 욕망으로 넘쳤지
세상을 흘겨보자 하나둘 멀어져 갔지
노년에는 홍어 냄새 난다고 놀림 받았고
늙어 갈수록 나도 모르게 숙성되어 갔지
얼룩진 오욕의 때를 벗기기 시작할 무렵
나는 홍어와 마늘을 상추에 싸 먹었지
허욕과 탈속의 조합은 참 오묘한 맛이지

홍어의 날개

얼마나 날고 싶었으면
죽어서도 날개 활짝 펼까
어부의 갑판 위에서도
깜깜한 항아리 속에서도 너는
끝내 날개만은 접지 않았다
네 꿈은 햇살 부서지고
별빛 쏟아질 때마다
어둠을 뚫고 높이 나는 것
날개 잃고 나를 만났을 때도
너는 그 꿈 버리지 못했다

내 인생의 다섯 가지 맛

할머니 저승 가신 날 코 불며 먹었던 홍어
희한한 맛에 놀라 눈물과 함께 꿀꺽 삼켰다
중학교에 들어가서 브라보콘 먹고 나서
달콤한 유혹의 맛에 한동안 어리둥절했다
대학 졸업식 날 실신할 정도로 퍼마신 홍탁
비틀거리면서도 마침내 내 갈 길을 찾았다
장년이 되어서 마시기 시작한 핸드드립 커피
쓴맛으로 마음의 상처를 다스릴 수 있었다
노년에 맛들이게 된 담박한 판메밀에서
인생사 무미無味함을 마침내 깨달았다

홍어 사랑

너에게 애착하는 이유는
너만의 그 돌발적인 맛도
우아한 자태 때문도 아니다
유년 시절의 빛바랜 사진 속
이제 다시 만날 수 없는
잊혀진 사람들 냄새 때문이다
마당에 모여 함께 손잡고
목이 터져라 노래 불렀던
눈물 같은 그리움의 냄새
그러니까 너를 사랑하는
특별한 이유는
마주 대할 때마다
고향의 슬픈 이야기
울컥울컥 솟구치기 때문이다

홍어의 마지막 순간

세상 어떤 미끼에도 현혹되지 않던 너
그물에 걸린 것도 창에 찔린 것도 아니고
허술한 걸낙의 속임수에 꿰이고 말았다니
작은 멸치보다 더 순진무구한 탓으로
지고지순한 사랑마저 깨졌구나
속살 찢어지는 아픔 참지 못해
처절한 몸부림으로 피 흘리며
삶의 모든 찌꺼기 다 토해 냈으니
너의 마지막이 눈물겹도록 순결하구나
죽자마자 소금이 아닌 얼음에 묻혔으나
끝내 차갑게 굳지 않았으니
갈색 주검마저도 풋살처럼 부드럽구나

홍어라면탕

비도 오지 않았는데 내 마음 젖어
홍어라면탕을 끓였다
경이로워라 심신 뒤틀리게 하는
이 화려한 맛은 또 무슨 조합인가
낯선 것들과 어울림의 신세계인가
홍어 살, 라면, 된장, 고추장,
콩나물, 미나리, 청양고추
알싸하고 쫄깃하고 쿠리하고
개운하면서 매콤하고 얼큰하고
일곱 가지 맛이 한데 어울려
물결치는 이 뜨거운 아우성
입안에 별들이 쏟아지는
홍어 심포니 오케스트라
맛의 진화에는 끝이 없어라

홍어를 부르다

네게로 향한 내 마음은
가시거리 안에 있음으로
손짓으로 부를 수 있다
우리는 서두르지 않아도
언제든지 다시 만날 수 있다
햇살 눈부신 날보다
잿빛 하늘 낮게 가라앉은 날
꿈을 이룬 사람들보다
꿈을 잃은 사람들과 함께 있을 때
영혼이 바람처럼 가벼울 때보다
마음이 허전하고 무거울 때
먼 길 떠나는 아침보다
지쳐서 돌아오는 해름에
너를 오래 기억하기 위해
함께 진혼곡을 듣고 싶다

고향 홍어집

새벽부터 비바람 아우성치더니
마당이 은행잎으로 물들었다
내 마음조차 노랗게 젖어 들면서
홍어에 탁주 한 사발 간절하여
바람 따라 거리를 헤매었다
코끝 알싸한 추억의 향기 못 찾고
휴대폰에 홍어 맛집 검색하자
기억의 건너편 '고향 홍어집'이 떴다
그곳은 아득히 멀어 돌아갈 수 없기에
지친 몸 이끌고 집으로 돌아왔다
그날 밤, 잠 못 이루고 뒤척이다가
꿈속에서 고향 찾아 먼 길 떠났다

홍어도 자주 몸부림친다

몸부림치며 살아가는 것은
사람만이 아니다
별은 꽃으로 피어나기 위해
밤하늘에 온몸 불사르고
바다는 제 자리 지키기 위해
가루가 되도록 파도로 부서지고
홍어는 바다에 떠 있기 위해
연골이 휘도록 날개 펄럭이고
꽃은 빛깔과 향기 뿜기 위해
한평생 비바람에 시달리고
나는 오늘도 홍어를 생각하며
깊고 먼 어둠의 바다 떠돈다
몸부림은 살아 있음의 증거이자
생존을 위한 끝없는 행진이며
소리 없는 절규이기에

발효에 대하여

홍어가 죽어서 향기 품으면
복사꽃 빛깔로 되살아난다
그러므로 발효는 부활이며
썩은 열매에서 싹이 트고
향기 품어 꽃을 피우는 것
깊고도 막막한 항아리 속에서
꿈꾸는 것조차 고통스러웠던
인고의 시간을 이겨 내는 것
김치와 된장과 홍어는
한결같은 본성과 믿음으로
기억 속에 깊이 스며드니
한 아름 삶의 꽃다발이 되었다

썩는 것과 삭는 것 1

꽃잎 떨어져 썩으면
씨앗 품고 새봄 꿈꾸는데
불타는 사랑 삭으면
무엇이 되어 남을까
썩는 것과 삭는 것은
숨을 멈춘 것과
숨을 이어 가는 것의 차이
그러므로 홍어가 삭는 것은
절멸絶滅의 슬픔이 아니라
또 다른 삶의 시작이며
마침내 하나 되어
끝없이 흐르는 강물

썩는 것과 삭는 것 2

흑산 앞바다보다 깊은 어둠 속에 침잠한 홍어
항아리에 갇힌 몸 뼈가 녹아내리듯 흘러내리고
고요 때문인가, 이슬 맺히는 소리 아련하게 멀다
온몸 가려움증과 세균들 꿈틀대기 시작하면서
날개 돋아 날아가고 남은 몸 속 수분, 적과 만나
썩느냐 삭느냐, 암흑 속 소리 없는 전쟁 시작되다
열흘쯤 앓고 나자 몸에 분홍빛 살구꽃이 피어나고
향긋한 냄새 연기처럼 피어올라 허리를 휘감는다
삭는다는 건 부패균을 물리친 후에 거듭나는 것
코끝을 자극하는 이 신비로운 것은 또 무엇인가
뜬내도 아니고 군내도 아닌 것이 참으로 강렬하다
짚불 냄새인가 늦가을 쑥부쟁이꽃 타는 냄내인가
눈에는 보이지 않고 콧구멍으로만 맛볼 수 있는,
홍어는 죽어서 또 하나의 향기로운 세상을 열었다

땀 냄새와 홍어 향기

내 스승은 어머니의 땀 냄새
콩밭 메고 어둠 더듬으며
돌아온, 어머니의 삼베 적삼에
흠뻑 고인 슬픔의 냄새는
내가 가야 할 길을 밝혀 주었다

흑산도에서 온 분홍빛 친구는
인생의 은유를 알게 해 주었고
외로워 흔들리는 나를 붙잡아
은밀하게 삶의 여백을 열어 주었고
외로운 길, 길동무가 되었다

그러므로
고통과 발효의 여정을 함께한
어머니의 땀 냄새와
내 영혼 사로잡은 홍어 향기는
달빛 같은 연민이고 사랑이다

실학자 정약전과 홍어장수 문순득 1

별들마저 숨어 버린 깜깜한 바다
눈 부릅떠도 내일이 보이지 않았다
삶과 죽음이 갈리는 곳 어디쯤에선가
돛배는 거친 파도에 낙엽처럼 날렸네
갈 길 잃었지만 목적지는 더욱 뚜렷해
우이도 성산봉 동백꽃도 보고 싶고
모래 언덕 바람 소리 더욱 그리웠다네
목포 서남쪽 64킬로 소 귀를 닮은 섬
스물다섯 살 문순득(1777~1847)은
흑산도로 홍어 사러 가다 태풍 만나
길을 잃고 덧없이 먼 바다 헤매었네
오키나와, 베트남, 필리핀, 마카오 거쳐
3년 2개월 만에 고향 땅 다시 밟았네
정약전이 소식 듣고 『표해시말』* 펴내
5대손 문채옥이 평생을 품고 살아왔네
70 평생 영산포에 홍어 내다 팔아 온 그
지금은 우이도항에 동상으로 일어서서
드넓은 세상 다시 꿈꾸고 있다네

* 표해시말(漂海始末). 1801년 1월 문순득이 우이도에서 흑산도로 홍어 사러 가다가 풍랑을 만나 3년 2개월 만에 돌아왔는데, 정약전이 문순득의 이야기를 듣고 쓴 책.

실학자 정약전과 홍어장수 문순득 2

순조 1년 신유박해 때 마흔네 살 정약전
얼어붙은 겨울바다 끝, 우이도에 귀양 오고
홍어장수 문순득은 표류하다 길을 잃었네
3년 2개월 지나 서당골에서 만난 두 사람
약전은 순득에게 하늘 아래서 맨 처음으로
넓은 세상 보았다며 천초天初 호를 주었네
순득은 약전을 통해 이름을 세상에 남기고
약전은 하늘만큼 너른 세상 처음 알았네
삶의 길이 꼭 책에만 있는 것이 아니니
둘의 만남이 어찌 하늘의 뜻이 아니랴
약전이 59세, 유배 16년 만에 눈 감으니
우이도가 온몸 흔들며 파도치듯 울었네
순득은 홍어 들고 서당골 상가로 달려가
밤새도록 통곡하며 홍어잔치 벌였다네
두 사람은 홍어와 함께 시간 속을 헤엄치고
홍어 때문에 끝내 헤어질 수가 없었다네

실학자 정약전과 홍어장수 문순득 3

바다가 소리쳐 울며 파도치는 날
솟아오른 칼날을 순득은 보았는가
두꺼운 고래의 배도 가를 만큼
송곳처럼 날캄한 꼬리 보았는가
꿈속에서 연이 되어 날아오르고
검붉게 피어나는 연꽃은 보았는가
수컷이 두 개 가시로 찔러 교미하는
해음어의 사랑법을 아는가

꼬리에 독 있어 사람도 죽인다는 거
선비님은 여태꺼정도 몰랐지라우
수치보다는 암치가 더 맛이 있고
1년에 새끼 딱 두 마리만 낳는다는
그 요상한 이유는 알고 계시남요
동지 지나 입춘까지가 살이 통통 쪄서
맛이 쫄깃하다는 것도 모르셨지라우
두엄 속에서 삭힌 홍어 코빼기 먹고
콧침 맛은 것 맹키 얼얼한 기분 아실랑가

내 안에 살아 있는 너

내 마음 깊은 곳에선 홍어들의 고향 흑산 앞바다 출렁이는데
아직까지도 우아하게 춤추는 네 모습 단 한 번도 보지 못했다
눈빛 마주치지 않아도 내가 왔다는 걸 알아주었으면 좋으련만
너는 뭍에 나온 후 진흙처럼 찐득하게 배 깔고 엎뎌만 있었다
내 몸에 들어와서야 비로소 파닥거리며 굳은 혀를 춤추게 했다
오래오래 씹으면서 날개 치는 그 처절한 율동 음미할 수 있었다
너의 주검은 모두에게 익숙했으나 살아 있는 모습은 늘 생소했다
네게는 삶이 죽음이요 죽음이 곧 삶이란 것을 까맣게 몰랐구나
죽어서야 나와 친구가 되고 더불어 살아가는 까닭 이제 알겠다

홍어

초판1쇄 찍은 날 | 2023년 3월 13일
초판1쇄 펴낸 날 | 2023년 3월 17일

지은이 | 문순태
펴낸이 | 송광룡
펴낸곳 | 문학들
등록 | 2005년 8월 24일 제2005 1-2호
주소 | 61489 광주광역시 동구 천변우로 487(학동) 2층
전화 | 062-651-6968
팩스 | 062-651-9690
전자우편 | munhakdle@hanmail.net
블로그 | blog.naver.com/munhakdlesimmian

ⓒ 문순태 2023
ISBN 979-11-91277-65-4 03810

- 잘못된 책은 바꿔드립니다.
- 이 책 내용의 전부 또는 일부를 재사용하려면
  반드시 저작권자와 문학들의 동의를 받아야 합니다.
- 책값은 뒤표지에 표시되어 있습니다.